Paris
1875

Jourdain, Charles-Marie-Gabriel Brechillet,

*Un compte de la nation d'Allemagnede
l'université de Paris*

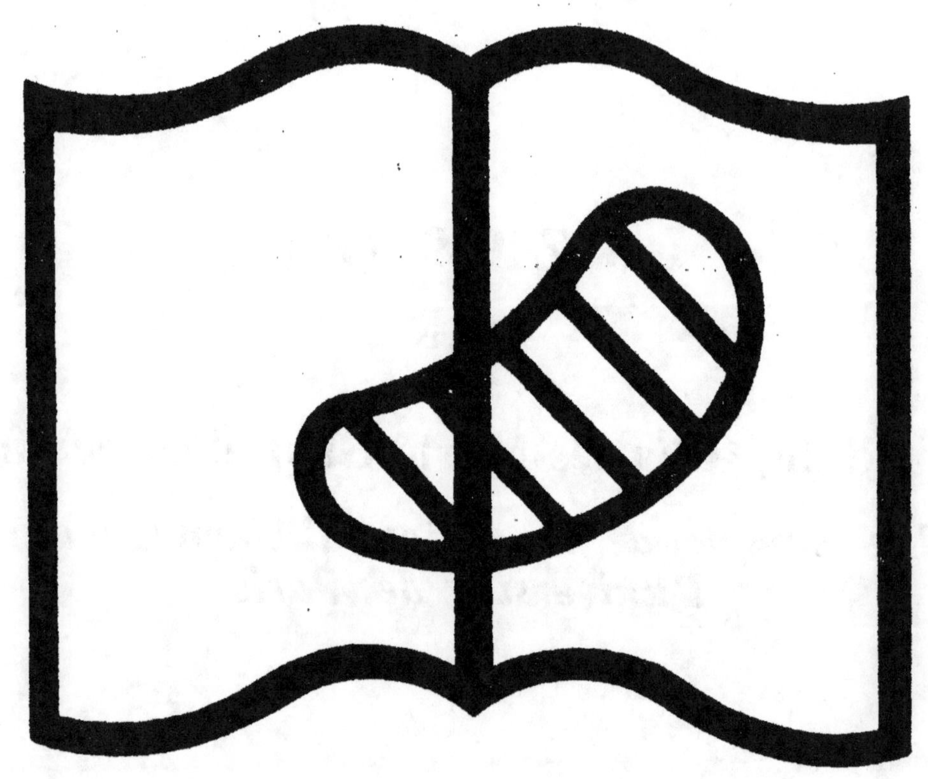

**Symbole applicable
pour tout, ou partie
des documents microfilmés**

Original illisible

NF Z 43-120-10

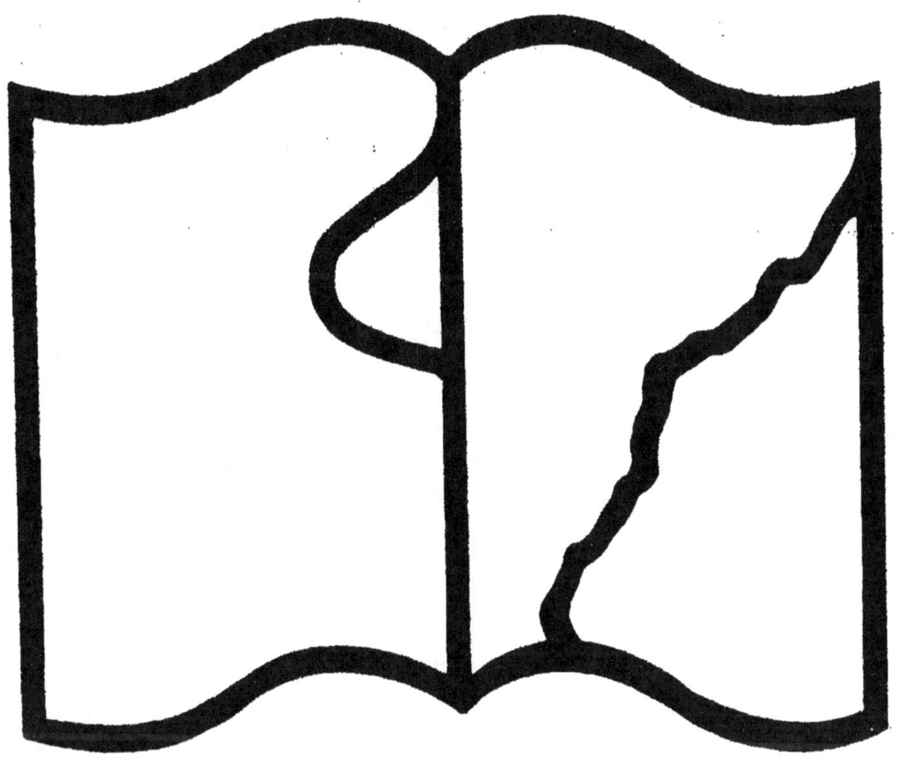

Symbole applicable
pour tout, ou partie
des documents microfilmés

Texte détérioré — reliure défectueuse

NF Z 43-120-11

UN COMPTE

DE LA NATION D'ALLEMAGNE

DE L'UNIVERSITÉ DE PARIS

AU QUINZIÈME SIÈCLE

PAR

CHARLES JOURDAIN

PARIS

1875

COMPTE DE LA NATION D'ALLEMAGNE

DE L'UNIVERSITÉ DE PARIS

AU QUINZIÈME SIÈCLE

UN COMPTE

DE LA NATION D'ALLEMAGNE

DE L'UNIVERSITÉ DE PARIS

AU QUINZIÈME SIÈCLE

PAR

Charles JOURDAIN

PARIS

1875

COMPTE DE LA NATION D'ALLEMAGNE,

DE L'UNIVERSITÉ DE PARIS,

AU QUINZIÈME SIÈCLE.

———

Les écoles de Paris furent fréquentées dès le xiɪe siècle par un grand nombre d'étudiants, accourus de toutes les contrées de l'Europe. Un contemporain d'Abélard, voulant le consoler de ses malheurs par le souvenir de ses succès d'autrefois, lui rappelle qu'autour de sa chaire se pressaient jadis les enfants de l'Italie, de l'Angleterre, de l'Allemagne, de la Suède, de la Flandre et de l'Espagne, confondus avec ceux de la France[1]. Henri II, au cours de sa querelle avec Thomas Becket, en appelait au jugement des écoliers de Paris, originaires de différentes contrées, *Scholaribus diversarum provinciarum*[2].

Tout porte à croire que ces écoliers venus de tous pays, comme leurs maîtres eux-mêmes, se partagèrent, selon leur nationalité, en groupes différents, bien avant qu'ils eussent été réunis par Philippe-Auguste en corps d'Université. Quoi qu'il en soit, ces groupes peu à peu transformés et réduits ont formé, au sein de la Faculté des Arts, ce qu'on a nommé les quatre Nations de France, de Normandie, de Picardie et d'Allemagne, dont la première trace authentique se trouve dans une bulle d'Innocent IV, du mois de mai 1245[3], et qui n'ont disparu qu'en 1789.

La Nation d'Allemagne, la seule qui doive nous occuper, s'était longtemps appelée Nation d'Angleterre. En 1378, l'empe-

———

1. Voyez la lettre de Foulque, prieur de Deuil, dans les œuvres d'Abélard, éd. Cousin, t. I, p. 703 et s.
2. Du Boulay, *Hist. Univ. Paris*, t. II, p. 365.
3. Du Boulay, *ibid.*, t. III, p. 202.

reur Charles IV étant venu à Paris au moment même où la guerre venait de recommencer avec les Anglais, elle exprima le vœu de quitter son nom, porté par les ennemis de la France, et de prendre celui du peuple, alors ami, auquel appartenait le prince qui visitait le royaume très-chrétien [1]. Ce changement néanmoins, comme Crevier le remarque, ne s'opéra pas immédiatement; car c'est à partir de 1436 seulement, que dans les registres de l'Université le nom de Nation d'Allemagne remplace d'une manière définitive celui de Nation d'Angleterre [2].

La Nation d'Allemagne était anciennement partagée en trois tribus : la Germanie supérieure, la Basse-Germanie, et l'Écosse comprenant l'Angleterre et l'Irlande. Une délibération du 30 décembre 1528 ramena ces trois tribus à deux, celle des *Continentaux*, ou écoliers originaires d'Allemagne, et celle des *Insulaires*, ou écoliers originaires des Iles Britanniques [3].

Outre les trois patrons communs à toute l'Université, la sainte Vierge, saint Nicolas et sainte Catherine, la Nation avait deux patrons particuliers, saint Edmond, roi d'Angleterre, et Charlemagne [4]. Elle se réunissait pour le service divin et pour les fêtes solennelles dans l'église de Saint-Cosme et Saint-Damien, dont elle avait le patronage. C'est là qu'étaient conservés ses ornements et ses archives. Un tombeau situé près du chœur et portant les armes de la Nation était destiné à la sépulture de ses suppôts [5]. Un procureur de la compagnie, qui fut élevé à cette charge le 16 décembre 1441, Albert Lécrivain, nous a laissé de curieux détails sur les écoles qu'elle possédait dans le quartier latin [6]. Rue

---

1. « Anno Domini 1377, die 5 januarii fuit congregatio Nationis Anglicane apud S. Maturinum ad habendum consilium de modo adeundi D. Imperatorem, et petitionibus faciendis; et erant tres petitiones : prima de mutatione nominis Nationis Anglicanæ in nomen Nationis Almanorum. — Cité dans les additions à la *Défense des droits de l'Université de Paris*, Paris, 1657, in-4°, p. 67.

2. *Hist. de l'Université de Paris*, t. IV, p. 73, 74.

3. Du Boulay, l. 1, t. VI, p. 213 et s. ; Crevier, l. 1, t. V, p. 231.

4. Voyez le livre de Du Boulay, *De Patronis IV Nationum Universitatis*, 1662, in-8°.

5. Du Boulay, *Mémoires sur les bénéfices qui sont à la collation de l'Université de Paris*, Paris, 1675, in-4°, p. 115 et s.

6. Nous empruntons les faits qui suivent aux extraits des registres de la Nation d'Allemagne que nous avons publiés dans notre *Index chartarum pertinentium ad historiam Universitatis Parisiensis*, Parisiis, 1862, in-fol., p. 267 et s.

du Fouarre, elle ne comptait pas moins de huit écoles, comprises dans deux maisons dont l'une s'appelait les *Grandes Ecoles, Magnæ Scolæ*, et l'autre, les *Ecoles des sept arts, Scolæ septem artium.* Ces écoles devaient annuellement à l'abbaye de Sainte-Geneviève, l'une 3o sous parisis, et l'autre 7 sous 6 deniers. Rue Galande, la Nation possédait une autre maison, à l'enseigne de la *Pomme rouge*, avec un terrain qui rejoignait la Seine. C'est la maison qui avait été cédée en 143o par le collége de Laon, en échange de celle qui appartenait anciennement aux écoliers du collége de Dace, rue de la Montagne-Sainte-Geneviève. M° Lécrivain mentionne deux autres maisons, l'une rue du Clos-Bruneau, ayant pour enseigne *A l'image de Notre-Dame*, l'autre rue Saint-Hilaire, en face le collége des Lombards. Sous les noms de collége de Skarra et de collége de Lincoping, elles étaient destinées aux étudiants suédois; mais n'étant pas habitées, faute d'écoliers de ce pays, elles avaient été remises, il y avait un demi-siècle déjà, aux mains de la Nation d'Allemagne, du consentement de l'Université, *quæ jam propter absentiam scolarium illarum provinciarum ad manus Nationis ex deliberatione Universitatis et sententia Nationum, pacifice devenerunt*, porte un procès-verbal du 5 avril 1392[1]. Enfin plusieurs actes cités par Du Boulay et par Jaillot[2] ont conservé la trace d'un collége dit des Allemands, *Alamanorum domus*, situé rue du Mûrier, autrement appelée rue Pavée, laquelle allait de la rue Traversine à la rue Saint-Victor. En 1618, la Nation d'Allemagne possédait dans cette rue quelques corps de bâtiments[3], qui étaient sans doute les débris de l'ancien collége, alors détruit, quoiqu'il semble, à la manière dont en parle Dubreul, que ce collége ait encore existé de son temps[4].

Au reste, nous n'avons pas l'intention d'écrire l'histoire de la Nation d'Allemagne : les lignes qui précèdent n'ont dans notre pensée d'autre objet que de servir de préambule et d'explication au document qu'on va lire. Ce document est un compte de recettes et de dépenses, présenté par M° Georges Wolf, qui dans

---

1. *Index chronologicus*, etc., p. 268. Cf. Thurot, *De l'organisation de l'enseignement dans l'Université de Paris au moyen-âge*, Paris, 185o, in-8°, p. 128.

2. Du Boulay, *Hist. Univ.*, t. IV, p. 313, 328; Jaillot, *Recherches sur la Ville de Paris*, quartier de la place Maubert, p. 107, 108.

3. Archives de l'Univ. de Paris, Reg. VIII, fol. 183 v°.

4. *Le théâtre des antiquités de Paris*, Paris, 1612, in-4°, p. 711.

l'assemblée tenue aux Mathurins, l'an de l'Incarnation 1494, la veille de la Saint-Mathieu, c'est-à-dire le 20 septembre, venait d'être nommé receveur de la Nation. Nous l'avons extrait d'un vieux registre de comptes, qui fait partie, sous le n° 85, des archives de l'Université de Paris, longtemps déposées au Ministère de l'Instruction publique, et aujourd'hui conservées à la bibliothèque de la Sorbonne. Une note qu'on lit au premier feuillet nous apprend que ce registre, qui va de l'année 1494 à l'année 1530, était le quatrième de la même série. Les trois qui précédaient sont aujourd'hui perdus.

Un compte de recettes et de dépenses n'est jamais dépourvu d'intérêt; c'est une des voies les plus sûres par lesquelles nous puissions pénétrer dans la connaissance intime des institutions et des mœurs des temps passés. Toutefois comme les documents de cette nature sont très-arides, il faut se garder de les multiplier quand ils se répètent ou qu'ils reproduisent des détails analogues. C'est le motif qui nous engage à nous en tenir, sauf un très-court extrait, au compte d'une seule année, bien qu'il nous eût été possible d'en publier quelques autres.

Il nous reste à présenter de rapides observations sur celui que nous allons mettre au jour.

A commencer par la recette, on remarquera qu'elle consiste à peu près exclusivement dans les rétributions acquittées par les nouveaux bacheliers ou licenciés, et par les nouveaux maîtres ès-arts, à l'occasion de leur début dans les fonctions de l'enseignement.

Les rétributions exigées des bacheliers et des licenciés étaient subordonnées plus ou moins à leurs ressources pécuniaires; elles étaient donc très-variables. Or la mesure des ressources pécuniaires, en un mot, de la fortune de chaque candidat, était la somme qu'il dépensait dans une semaine pour son entretien, déduction faite du loyer de sa chambre et des gages de son domestique. Cette dépense hebdomadaire, qu'il devait déclarer sous serment[1], s'appelait *bursa*; de

---

1. M. Thurot, p. 61, a transcrit la formule de ce serment : « Dicetis quantitatem bursæ vestræ, fideliter, sine dolo, computando omnia ordinarie consumpta et exposita in bursa, duntaxat locagio hospitii et sallario famuli exclusis. » On trouvera dans l'*Histoire de l'instruction publique en Europe*, par M. A. Vallet de Viriville, Paris 1849-1852, in-4°, p. 360 et s., les serments que prêtaient, dans le cours du xiv° siècle, les écoliers de la Nation d'Allemagne, transcrits d'après un des registres de cette Nation qui se conservent

là vient qu'à la suite du nom de chaque bachelier ou licencié
notre compte indique la valeur de sa bourse, qui est estimée *zéro*,
lorsque le candidat est pauvre. Quant à ce nom de *bursa*, il tire
son origine, s'il faut en croire Richer [1], d'un usage qui de la
maison de Sorbonne s'étendit aux autres colléges de l'Université
de Paris. Tous les vendredis chaque étudiant versait une certaine
somme entre les mains de l'économe du collége pour sa nourri-
ture pendant la semaine; toutes ces sommes étant recueillies dans
une bourse commune, l'expression *vivre de la bourse* devint
usitée dans les écoles, et la quote part acquittée par chacun s'appela
elle-même *bursa*. On voit, dans notre compte, que, selon le taux
des bourses, certaines rétributions scolaires s'élevaient à 6 livres,
tandis que d'autres descendaient à 6 sous. Voici l'engagement
qu'un ancien statut de la Nation d'Allemagne qui date du milieu
du xive siècle imposait aux bacheliers : « Solvetis receptori Nationis
5 bursas, et pro scholis proportionabiliter, priusquam vicum
intrabitis; videlicet, si septimanatim expendetis in bursa 2 vel
3 sol., dabitis pro scholis 20 sol. paris.; si autem 4 vel 5 sol.,
dabitis 30 sol.; si autem 6 vel 7 sol., dabitis 40 sol.; si autem
8 vel 9, dabitis 50 sol.; et sic deinceps [2]. » Il nous a été impossible
toutefois d'établir un rapport constamment exact entre les dépenses présumées de l'étudiant, et le droit qu'il était tenu
d'acquitter. Et en effet, nous voyons dans une délibération du
mois d'avril 1423, qu'une assez grande latitude était laissée sous
ce rapport à l'appréciation un peu arbitraire des examinateurs, et
à celle du procureur et du receveur de la compagnie, sous la
réserve de ne pas fixer au-dessous de 4 sous la taxe exigée des
nouveaux bacheliers : « Conclusimus... quod minor bursa solvenda
sit quatuor solidorum, ulteriorem vero taxationem temptatoribus
in bacchalariatu cum procuratore et receptore relinquentes. »

Indépendamment des rétributions variables que nous venons
de mentionner, les nouveaux maîtres ès-arts, *incipientes*, payaient
une somme fixe de 2 livres, comme droit de bienvenue et pour
la robe du recteur, *pro jocundo adventu et cappa rectoris*.

Il n'est pas et il ne pouvait pas être question dans notre compte
de la taxe perçue par les bedeaux et à leur profit; mais peut-être

---

aujourd'hui à la bibliothèque de la Sorbonne.

1. Richer, *Hist. Acad. Paris*, Bibl. Nat., Cod. lat. 9943, t. I, p. 194 v°.

2. Thurot, p. 62; Vallet de Viriville, l. l. p. 361.

né sera-t-il pas hors de propos de la rappeler. Elle avait donc été ainsi réglée en 1423 : « Quod determinantes, bacchalarii, licentiati et magistri solvant sua sallaria bedellis, prout retroactis temporibus est consuetum : videlicet, in determinantia, medium francum; in bachalariatu, pro ducendo ad scolas, quatuor solidos, et pro temptaminibus, duos solidos; in licentia vero, duos solidos; in magisterio vero, pro bedellis Nationis unum francum, et pro communitate bedellorum, in petendo *Placet*, quatuor solidos cum octo denariis paris. [1] »

Il serait inutile de nous arrêter aux personnages, bacheliers, licenciés ou maîtres ès-arts dont le nom figure dans le compte de M° Wolf; aucun, à notre connaissance, n'a marqué dans l'histoire et n'a laissé de souvenir à la postérité. Ces listes d'étudiants, tombés dans l'oubli, n'offrent d'intérêt qu'à un seul point de vue; elles montrent que l'Université de Paris, quoique déjà bien déchue à la fin du xv° siècle, conservait encore assez de prestige pour attirer dans ses écoles un grand nombre d'étrangers de tous pays.

Maintenant que nous connaissons les principales recettes encaissées par le receveur de la Nation d'Allemagne, voyons à quels objets s'appliquait la dépense. Elle consistait surtout dans les distributions faites aux suppôts de la Nation : distributions lors de ses assemblées particulières, lors des fêtes solennelles, lors de la procession du recteur, lors de l'obit d'un régent. Elle comprenait aussi chaque fois que le service religieux était célébré, le droit du curé de Saint-Côme, ceux de l'officiant, des chantres et de l'organiste, la somme donnée à l'offrande, les frais de luminaire, les cierges, les chandeliers, les ornements, le lavage de l'église, etc. Ajoutons à ces déboursés les indemnités éventuelles ou régulières que touchaient quelquefois un ancien recteur, plus ordinairement le procureur ou le receveur sortant de charge, et les bedeaux des autres Nations qui avaient accompagné le recteur à Saint-Côme, quand celui-ci appartenait à la Nation d'Allemagne, un petit nombre d'aumônes, enfin certaines redevances comme celles qui étaient dues à l'abbaye de Sainte-Geneviève, sur le territoire de laquelle étaient situées les écoles de la Nation.

Ce sont là, à peu d'exceptions près, les dépenses qui reparaissent non-seulement dans le compte de 1495, mais dans tous ceux que nous avons eus entre les mains. Rapprochées des recettes qui

---

[1]. *Index chronologicus*, etc., p. 249.

permettaient de les acquitter, elles n'offrent pas l'image et elles ne donnent pas l'idée d'une comptabilité très-compliquée; mais elles confirment ce qu'on savait déjà de la modicité des ressources de nos anciennes écoles, et de la pauvreté des maîtres comme des écoliers.

Mais il est temps de faire succéder à ce commentaire historique le texte même du document que nous avons annoncé à nos lecteurs.

Fol. 1, r°. Anno ab incarnatione Jesu Christi Salvatoris nostri nonagesimo quarto supra millesimum quaterque centesimum, veneranda Almanorum natio fuit congregata apud Sanctum Mathurinum, vigilia Sancti Mathei apostoli et evangeliste, super novi receptoris electione. Itaque elegit via Spiritus Sancti magistrum Georgium Wolff, Badensem, diocesis Spirensis, qui fecit receptas et impensas, ut inferius patebit.

Sequitur prima recepta.

Primo recepi a magistro Georgio Noortich, antiquo receptore, quadraginta tres libras, unum solidum paris., cum tredeno et dimidio turon.

Sequuntur nomina quorumdam incipientium ante primum compotum :
Dominus Johannes Uberman, diocesis Spirensis,
cujus bursa valet o [1] :   6 s. p.
   Pro jocundo adventu et cappa rectoris :   2 lib.
Dominus Martinus Brandeburch, diocesis Constantiensis, cujus bursa valet o :   6 s. p.
   Pro jocundo adventu et cappa rectoris :   2 lib.
Dominus Cristoforus Crafft, dyocesis Lausanensis,
cujus bursa valet 4 sol. :   1 lib.
   Pro jocundo adventu et cappa rectoris :   2 lib.
Dominus Wuillelmus Phillipson, dyocesis Aburdonensis, cujus bursa valet sol. 4 :   1 lib.
   Pro jocundo adventu et cappa rectoris :   2 lib.

Sequuntur nomina baccalauriorum istius anni.
Dominus Bohuslaus de Bertensthleren, dyocesis
Halberstattensis, xiii sol. :   6 lib. 15 s.

---

1. Nous n'hésitons pas à traduire par o le signe Φ que nous retrouvons comme indiquant la valeur d'un certain nombre de bourses. Ce sont évidemment ces bourses dont il est dit souvent dans nos registres : *Cujus signum est nihil.*

Dominus Eduardus Cockburn, dyocesis Blascuensis, cujus bursa valet 10 sol. :   5 lib. 10 s.

Dominus Robertus Pringuil, dyocesis Blascuensis, cujus bursa valet sol. 10 :   5 lib. 10 s.

Dominus Martinus Letner, dyocesis Constanticnsis, cujus bursa valet o :   1 lib. 6 s.

Dominus Hermannus Sullenho, dyocesis Trajecten-sis, cujus bursa valet sol. 9 :   4 lib. 15 s.

Dominus Renfridus Pfastenhofen, dyocesis Argenti-nensis, cujus bursa valet sol. 7 :   3 lib. 15 s.

Dominus Stephanus Swench, dyocesis Frisingensis, cujus bursa valet o :   1 lib. 6 s.

Dominus Robertus Pirson, dyocesis Sancti Andree, cujus bursa valet sol. 4 :   2 lib. 10 s.

Dominus Andreas Teller, dyocesis Argentinensis, cujus bursa valet sol. 7 :   3 lib. 15 s.

Dominus Christianus Delff, dyocesis Trajectensis, cujus bursa valet sol. 4 :   2 lib. 10 s.

Dominus Petrus Huyne, diocesis Trajectensis, cujus bursa valet o :   1 lib. 6 s.

Dominus Huberthus de Weloria, dyocesis Colonien-sis, cujus bursa valet o :   1 lib. 6 s.

Dominus Wibrandus Daconis, dyocesis Trajectensis, cujus bursa valet o :   1 lib. 6 s.

Summa hujus pagine ascendit ad nonaginta quinque libras paris., cum tribus solidis, decem denariis paris. et turon.

Fol. 1, v°. Dominus Johannes de Trajecto, dyocesis Trajectensis, cujus bursa valet sol. 4 :   2 lib. 10 s.

Dominus Wuill. Jacobi de Tiela, dyocesis Colonien-sis, cujus bursa valet sol. 4 :   2 lib. 10 s.

D. Wuill. Delff, dyocesis Trajectensis, cujus bursa valet sol. 6 :   3 lib. 10 s.

D. Jacobus Copier, dyocesis Trajectensis, cujus bursa valet sol. 9 :   4 lib. 15 s.

D. David Loys, dyocesis S. Andree, cujus bursa valet sol. 4 :   2 lib. 10 s.

D. David Sybold, dyocesis S. Andree, cujus bursa valet sol. 5 :   2 lib. 15 s.

Sequitur nomen unius baccalaurei recepti ante Bran-dones in alia recepta; et quia non solvit alio receptori, non fuit inscriptus. Sed pro presenti solvit; ideo subsequitur :

D. Franciscus Hoffières, dyocesis Moguntinensis, cujus bursa valet o :   1 lib. 6 s.

Sequitur nomen unius baccalaurii hoc anno recepti :
D. Johannes Rudinger, dyocesis Basiliensis, cujus bursa valet sol. 6 :   3 lib. 10 s.

Sequitur nomen cujusdam magistri, sive incipientis :
Wisberthus Reynsburgk, dyocesis Trajectensis, cujus bursa valet sol. 5 :   1 lib. 5 s.

Pro jocundo adventu et cappa rectoris :   2 lib.

Recepi a magno bedello duos francos, quos de domo sua debebat in computo antiqui receptoris :   2 lib.

Summa hujus pagine ascendit ad viginti octo libras et tres solidos paris.

Summa totius recepte ascendit ad centum viginti tres libras, sex solidos paris., decem denarios paris. cum uno turon.

Fol. 2. *Sequitur impensa post receptam ante primum compotum.*

Et primo, PRO DISTRIBUTIONIBUS IN VIGILIA MATHEI
Pro distributionibus magistrorum et bidellorum in vigilia Mathei :   10 l. 12 s.

Pro jure procuratoris et suis distributionibus in eodem die :   1 l. 4 s.

Pro continuatione magistri Magni Boy :   4 s.

Pro instrumento fidejussorum :   4 s. 12 t.

In processione rectoris magistri Johannis Morain :   10 s. 6 t.

In prima processione rectoris magistri Johannis Gaisset, in festo Symonis et Jude, ad petitionem supremi domini mei regis :   11 s. 3 t.

Pro distributionibus regentium apud S. Mathurinum proxima[die] post [festum] Omnium Animarum :   11 s. 3 t.

Pro distributionibus regentium apud eumdem, altera die Sancti Martini :   22 s. 6 t.

Pro continuatione magistri Petri Hemstrecte in procuratorem :   4 s.

Pro continuatione magistri Petri Hemstrecte :   4 s.

Pro cappa rectoris magistri Johannis Gaisset :   2 l. 10 s.

DISTRIBUTIONES FACTÆ IN FESTO ALEMANORUM.

In distributionibus magistrorum et bidellorum :   12 l. 15 s.
Pro cantoribus qui aderant :   1 l. 8 s.
Pro prelato, qui fuit magister Johannes Zantina :   14 s.

Pro offertorio in officio misse :   4 s. 5 t.
Pro cappis et clerico :   6 s. 12 t.
Pro distributionibus domini curati :   6 s.
Pro organista :   2 s.
Pro parvo clerico :   6 t.
Pro pauperibus :   5 t.
Pro mundatione ecclesie et candelabrorum :   4 s.
Pro straminibus :   3 s. 3 t.
Pro mundatione ornamentorum ecclesie :   1 s. 5 t.
Pro Serto Sancti Eadmundi :   1 s.
Pro bono homine :   12 t.
Pro duobus bidellis alterius Nationis qui conduxe-
rant dominum rectorém ad Sanctum Cosmam :   1 s. 9 t.
Pro cera candelarum, tedarum et refectione illa-
rum :   3 l. 8 s.
Summa hujus pagine ascendit ad triginta septem libras
cum quatuor decim solidis paris. et duodecim turon.

Fol. 2 v°. Pro distributionibus factis in festo Sancte Catharine.

Pro distributionibus magistrorum et bidellorum :   2 l. 11 s.
Pro offertorio :   2 s. 2 t.
Pro cappis et clerico :   5 s. 9 t.
Pro distributionibus curati :   2 s.
Pro capellano :   4 s.
Pro organista :   2 s.
In crastino, in missa Universitatis, pro distributio-
nibus regentium :   11 s. 3 t.

Pro crastino Sancti Andree.

Pro distributionibus magistrorum et bidellorum :   2 l. 12 s.
Pro offertorio :   2 s. 4 t.
Pro cappis et clerico :   5 s. 9 t.
Pro distributionibus domini curati :   2 s.
Pro capellano :   4 s.
Pro organista :   2 s.

Pro festo Sancti Nicolai.

Pro distributionibus magistrorum et bidellorum :   2 l. 12 s.
Pro offertorio :   2 s. 6 d.
Pro cappis et clerico :   5 s. 9 t.
Pro distributionibus domini curati :   2 s.

Pro capellano :   4 s.
Pro organista :   2 s.
In crastino, in missa Universitatis :   11 s. 3 t.

PRO FESTO CONCEPTIONIS MARIE.

Pro distributionibus magistrorum et bidellorum :   2 l. 15 s.
Summa hujus pagine ascendit ad quatuor decim libras, tres solidos, octo turon., cum duobus denariis paris.

Fol. 3 r°. Pro offertorio :   2 s. 10 t.
Pro cappis et clerico :   5 s. 9 t.
Pro distributionibus domini curati :   2 s.
Pro capellano :   4 s.
Pro organista :   2 s.

In secunda processione magistri Johannis Gaisset, Parisiensis, tunc rectoris :   11 s. 3 t.
Pro electione et continuatione procuratoris magistri Stephani :   8 s.

PRO FESTO KAROLI MAGNI.

Pro distributionibus magistrorum et bidellorum :   2 l. 13 s.
Pro offertorio :   2 s. 3 t.
Pro cappis et clerico :   5 s. 9 t.
Pro distributionibus domini curati :   2 s.
Pro capellano :   4 s.
Pro organista :   2 s.
Pro cappa rectoris magistri Roberti Hasteville :   2 l. 14 s.

PRO FESTO PURIFICATIONIS NOSTRE DOMINE.

Pro distributionibus magistrorum et bidellorum :   2 l. 14 s.
Pro offertorio :   4 s. 5 t.
Pro cappis et clerico :   5 s. 9 t.
Pro distributionibus domini curati :   2 s.
Pro capellano :   4 s.
Pro organista :   2 s.
Pro cera candelarum, tedarum et refectione illarum :   14 l. 1 s.
Pro candela domini cancellarii :   3 s.
In missa Universitatis in crastinum Purificationis :   9 s. 9 t.

Pro electione et continuatione procuratoris magistri Doncani de Camara :   8 s.

Pro parvo clerico et pauperibus :   12 t.

Summa hujus pagine ascendit ad viginti sex libras paris. duodecim solidos paris. et undecim turon.

Fol. 3 v°. In processione rectoris Magistri Roberti Hasteville :   10 s.   6 t.

Pro dono gratuito antiquo receptori :   4 l.

Pro libro receptoris :   7 s. 10 t.

Pro bursis magni bidelli :   7 l.   7 s.

Pro bursis parvi bidelli :   3 l. 13 s.   6 d.

Pro stipendio receptoris :   4 l.

Pitantiario Sancte Genovefe, de fundo terre par-varum scholarum nostrarum :   15 s.

Eodem pitantiario de fundo terre magnarum Scho-larum :   5 s.   6 d.

Summa hujus pagine ascendit ad viginti unam libras, unum solidum paris. et unum turon.

Summa totius impense ascendit ad nonaginta novem libras, duodecim solidos parisienses, duos denarios parisienses et duos turonos.

Recepta comparata ad misiam, recepta excedit misiam in viginti tribus libris quatuordecim solidis parisiensibus et septem denariis parisiensibus.

Duncanus de Camera, pro tunc procurator, manu propria. Ita est.

Recepta post primum compotum.

Sequitur nomen cujusdam baccalaurii recepti cujus nomen sequitur :

Dominus Benedictus Steyner dyocesis Constan-tiensis, cujus bursa valet sol. 5 :   2 lib. 15 s.

Sequuntur nomina baccalauriorum post primum compotum.

Dominus Roberthus Waltierson, dyocesis Sancti Andree. Bursa valet 4 sol :   2 lib. 10 s.

D. Johannes Cock, dyocesis Sancti Andree. Bursa valet 7 sol. :   3 lib. 15 s.

D. Patricius Adamson, dyosesis Sancti Andree. Bursa valet 7 sol. :   3 lib. 15 s.

D. Cutberthus Simon, dyocesis Glascuensis. Bursa valet 4 sol.   2 lib. 10 s.

D. Andreas Aldcorum, Scotus. Bursa valet 4 sol. :   2 lib. 10 s.

Thomas Bortyck, dyocesis S. Andree. Bursa valet 7 sol. :   3 lib. 15 s.

D. Johannes Dickson, Scotus. Bursa valet 7 sol. :   3 lib. 15 s.

D. Guillelmus(?) Gregorii, Scotus. Bursa valet o :   1 lib.   6 s.

Summa hujus pagellæ ascendit ad quadraginta novem libras et septem denarios paris.

Fol. 4. Sequuntur nomina quorumdam baccalauriorum receptorum :

Dominus Wolffgangus Sifrid, diocesis Augustensis. Bursa valet 6 sol. :   3 lib. 10 s.

D. Johannes Sorgel, dyocesis Bambergensis. Bursa valet iiij sol. .   2 lib. 10 s.

Sequuntur nomina licentiatorum hujus anni :

D. Rolandus Blacadir, dyocesis Sancti Andree, cujus bursa valet 9 sol. :   2 lib. 15 s.

Thomas Lauson dyocesis Sancti Andree. Bursa valet 4 sol. :   1 lib. ✓

Guillelmus (?) Simson, dyocesis Moraviensis. Bursa valet 4 sol. :   1 lib.

Reginaldus Strang, dyocesis Moraviensis. Bursa valet 4 sol. :   1 lib. ✓

Allexander Scherer, dyocesis Abordonensis. Bursa valet 4 sol. :   1 lib.

Thomas Andree, dyocesis Sancti Andree. Bursa valet 4 sol. :   1 lib.

Johannes Maior, dyocesis S. Andree. Bursa valet 4 sol.:   1 lib.

Guillelmus Asson, dyocesis S. Andree. Bursa valet 4 sol. :   1 lib.

D. Nicolaus Wurmser, dyocesis Argentinensis. Bursa valet 10 sol. :   2 lib. 10 s.

Michael Rot, dyocesis Argentinensis. Bursa valet 5 sol. :   1 lib. 5 s.

Andreas Francisci, dyocesis Brandeburgensis. Bursa valet o :   6 s.

Johannes Dolmans, dyocesis Leodigensis. Bursa valet 6 sol. :   1 lib. 10 s.

Henricus de Livonia, dyocesis Tarbatensis. Bursa valet 5 sol. :   1 lib. 5 s.

Johannes Delff, dyocesis Trajectensis. Bursa valet 4 sol. :   1 lib.

Adam Wiler, dyocesis Spirensis. Bursa 5 sol. :   1 lib. 5 s.

Hieronymus Rebwiler, dyocesis Basiliensis. Bursa 5 sol. :   1 lib. 5 s.

David Vocat, dyocesis Sancti Andree. Bursa valet 5 sol. :   1 lib. 5 s.

Jodocus Delff, dyocesis Trajectensis. Bursa valet 7 sol. :   1 lib. 15 s.

Cornelius de Haga, dyocesis Trajectensis. Bursa valet
5 sol. :   1 lib. 5 s.

Johannes Mathie, dyocesis Leodigensis. Bursa
valet o :   6 s.

Johannes Cadiou, dyocesis Glascuensis. Bursa valet
4 sol. :   1 lib.

Anthonius de Brisach. Bursa valet 4 sol. :   1 lib.

Ista pagina habet triginta duas libras, duos solidos
paris.

Fol. 4 v°. Johannes Wachtel, dyocesis Mogunti-
nensis. Bursa o :   6 s.

Joachim Delff, diocesis Trajectensis. Bursa o :   6 s.

Adam Elphinston, diocesis Glascuensis. Bursa 9 sol. :   2 lib. 5 s.

Christiannus Erb, diocesis Augustensis. Bursa o :   6 s.

Nicolaus de Gauda, diocesis Trajectensis. Bursa
4 sol. :   1 lib.

Johannes Schuppenagel, diocesis Coloniensis. Bur-
sa o :   6 s.

Johannes Henrici, diocesis Basiliensis. Bursa valet
7 sol. :   1 lib. 15 s.

Franciscus Hofrerer, dyocesis Wormatiensis. Bursa o: 6 s.

Allexander Leviston, diocesis Sancti Andree. Bursa
3 sol. :   1 lib. 5 s.

Sequuntur nomina incipientium hujus anni.

Adam Elphinston, diocesis Glascuensis. Bursa 9 s. :   2 lib. 5 s.

Pro jocundo adventu et cappa rectoris: 2 lib.

Rolandus Blacadir, diocesis S. Andree. Bursa 9 sol. :   2 lib. 5 s.

Pro jocundo adventu etc. :   2 lib.

Cornelius de Hagis, diocesis Trajectensis. Bursa
5 sol. :   1 lib. 5 s.

Pro jocundo adventu etc. :   2 lib.

Henricus de Livonia, diocesis Derptensis. Bursa
5 sol. :   1 lib. 5 s.

Pro jocundo adventu etc. :   2 lib.

Nicolaus Wurmser, diocesis Argentinensis. Bursa
10 sol. :   2 lib. 10 s.

Pro jocundo adventu etc. :   2 lib.

Hieronymus Hebwiler, diocesis Basiliensis. Bursa
valet 5 sol. :   1 lib. 5 s.

Pro jocundo adventu etc. :   2 lib.

Michael Rot, diocesis Argentinensis. Bursa valet
5 sol. :   1 lib. 5 s.

Pro jocundo adventu etc. :   2 lib.
Johannes Dolmans, diocesis Leodigensis. Bursa valet
6 sol. :   1 lib. 10 s.
Pro jocundo adventu etc. :   2 lib.
Ista pagina habet triginta septem libras et quinque
solidos paris.

Fol. 5, r°. Johannes Delff, diocesis Trajectensis. Bursa
4 sol. :   1 lib.
Pro jocundo adventu etc. :   2 lib.
Nicolaus de Gauda, diocesis Trajectensis. Bursa
4 sol. :   1 lib.
Pro jocundo adventu etc. :   2 lib.
Jodocus Delff, diocesis Trajectensis. Bursa 7 sol. :   1 lib. 15 s.
Pro jocundo adventu etc. :   2 lib.
Antonius de Brisach, diocesis Constantiensis. Bursa
4 sol. :   1 lib.
Pro jocundo adventu etc. :   2 lib.
Adam Wiler, diocesis Spirensis. Bursa valet 5 sol. :   1 lib. 5 s.
Pro jocundo adventu etc. :   2 lib.
Andreas Francisci, diocesis Brandeburgensis. Bur-
sa o :   6 s.
Pro jocundo adventu etc. :   2 lib.
Johannes Henrici, diocesis Basiliensis. Bursa 7 sol. :   1 lib. 15 s.
Pro jocundo adventu etc. :   2 lib.
Johannes Treveris, diocesis Treverensis. Bursa 4 sol. :   1 lib.
Pro jocundo adventu etc. :   2 lib.
Bircardus Thoe Boechoep. Bursa valet 7 sol. :   1 lib. 15 s.
Pro jocundo adventu etc. :   2 lib.
Johannes Calciatoris, diocesis Argentinensis, cujus
bursa in aliis duabus receptis ultimis signo nichili est
taxata, solvit pro nunc, ut gauderet privilegiis Nationis,
quatuor solidos pro bursa, pro baccalauriatu, licentiis
et magisterio :   2 lib. 12 s.
Item recepi a magistro Petro Cesaris, pro tunc ma-
gistro domus Alemannorum, ex parte provincie :   2 lib. 16 s.
Item a magistro Simone Doliatoris recepi :   1 lib. 11 s.
Ista pagina habet triginta quinque libras et quin-
decim solidos paris.

Summa totius recepte post primum compotum extendit se ad
centum quinquaginta quatuor libras paris., duos solidos paris., et
septem denarios paris.

Sequuntur impensæ post primum compotum.

Fol. 5, v°. Pro distributionibus magistrorum
et officiariorum in primo compoto :   10 l. 16 s.
  Pro procuratore et suis distributionibus :   1 l. 4 s.
  Pro priore Sancte Genovefe de fundo terre
Scholarum Anglicarum :   15 s.
  Pro brandio temptatorum baccalauriorum :   1 l. 12 s.

PRO FESTO ANNUNCIATIONIS MARIÆ.

Pro distributionibus magistrorum et officia-
riorum :   .   2 l. 12 s.
  Pro capellano :   4 s.
  Pro curato :   2 s.
  Pro cappis et clericis :   7 duod.
  Pro offertorio :   8 alb. d.
  Pro organista :   2 s. p.
  Pro electione magistri Theoderici Venlo in
procuratorem :   4 s.

IN OBITU MAGISTRI PETRI DELFF PIE MEMORIE.

Pro distributionibus magistrorum atque offi-
ciariorum :   2 l. 10 s.
  Pro capellano :   4 s.
  Pro domino curato :   2 s.
  Pro cappatis in Vigiliis, recommendationibus
et missa :   8 s.
  Pro offertorio et clerico :   4 s.   3 t.

PRO FESTO TRANSLATIONIS BEATI NICOLAI.

Pro distributionibus magistrorum et bidel-
lorum atque officiariorum :   2 l. 9 s.
  Pro capellano :   4 s.
  Pro curato :   2 s.
  Pro cappis et clerico :   7 duod.
  Pro offertorio :   2 s.   1 alb.
  Ista pagina habet viginti quinque libras, un-
decim solidos paris., cum quinque denariis
paris. et uno turon.

Fol. 6, r°. Pro organista :   2 s.
  Pro continuatione magistri Theoderici de
Venlo :   4 s.

Pro cappa magistri Roberthi Corbelin : 1 l. 10 s.
Pro distributionibus regentium et officiariorum in processione Corbelin : 10 s. 6 t.

Pro festo visitationis beate Marie.

Pro distributionibus magistrorum et officia-
riorum : 2 l. 6 s.
Pro cappellano : 4 s.
Pro curato : 2 s.
Pro cappis et clerico : 7 duod.
Pro organista : 2 s.
Pro offertorio : 8 alb. 2 t.
Pro cappa rectoris magistri Hemskrecke : 1 l. 18 s.
Pro electione magistri Bertholdi in procu-
ratorem : 4 s.
Pro bydellis alterius Nationis qui duxerunt
rectorem ad Sanctum Cosman : 4 alb.

Pro festo Assumptionis et distributionibus pro prandio regentium.

Pro distributionibus magistrorum et officia-
riorum : 15 l. 14 s.
Pro capellano : 4 s.
Pro curato : 2 s.
Pro cappis et clerico : 7 duod.
Pro offertorio : 10 alb.
Pro organista : 2 s.
Pro continuatione magistri Bertholdi in pro-
curatorem : 4 s.
Ad purgandam ecclesiam : 2 alb.
Ista pagina habet viginti quatuor libras, sep-
tem solidos paris. cum uno duodeno.

Fol. 6, v°. Pro festo Nativitatis beate Marie.

Pro distributionibus magistrorum et officia-
riorum : 1 l. 17 s.
Pro cappellano : 4 s.
Pro curato : 2 s.
Pro cappis et clerico : 7 duod.
Pro offertorio : 7 alb. 3 t.
Pro organista : 1 s.
Pro stipendio receptoris : 4 l.
Pro bursis magni bydelli : 15 l. 13 s.
Pro bursis parvi bydelli : 7 l. 16 s. 6 d.
Ista pagina habet triginta libras, unum soli-
dum paris., sex denarios et duo turon.

Summa impensarum extendit se ad octuaginta libras paris. unum solidum et quinque denarios paris.

Recepta excedit misiam in septuaginta duabus libris paris. cum undecim solidis.

Ma. Andreas Rudentz procurator. Ita est.

Le compte de recettes et de dépenses présenté par le receveur Georges Wolf est immédiatement suivi dans le registre que nous avons eu sous les yeux, du compte dressé par son successeur Me Jean Maktullo, du diocèse de Rochester, qui fut élu en 1495 receveur de la Nation d'Allemagne, dans l'assemblée tenue aux Mathurins, selon l'usage, la veille de la fête de saint Mathieu, ainsi que nous l'apprend la note suivante en tête du compte :

« Anno ab Incarnatione Jesu Christi Salvatoris nostri nonagesimo quinto supra millesimum quaterque centesimum, veneranda Allemanorum Natio congregata fuit apud Sanctum Mathurinum in vigilia Sancti Mathei apostoli et evangeliste, super novi receptoris electione. Itaque elegit via Spiritus Sancti magistrum Johannem Maktullo, Roffensis diocesis, qui fecit receptas et impensas, ut inferius patebit. »

Nous avons transcrit cette note, afin qu'en la comparant à celle qui précède le compte que nous avons publié, chacun puisse facilement se convaincre par soi-même de la similitude qui existe entre tous les documents de cette nature, du moins sous le rapport de la forme. Quant au fond même, nous ne trouvons dans le nouveau compte qu'un seul article qui nous paraisse intéressant à reproduire, attendu qu'il ne figure pas au compte précédent: c'est l'état des frais occasionnés par des travaux de réparations aux grandes écoles de la Nation d'Allemagne. En voici le texte :

Sequuntur impense facte pro reparatione antiquarum scholarum nostrarum.

In primis pro quinque centum teglis :	1 lib. 4 s.
Pro dietis cooperantium :	1 lib. 12 s.
Pro lignis :	10 s.
Pro plastro et dietis laborantium in hujusmodi	3 lib. 10 s.
Pro latis lapidibus ponendis in fundo camini :	3 s.
Pro duobus stillicidiis :	2 lib.
Pro deportatione emundiciarum extra scholas :	4 s.
Pro deportatione dictarum extra urbem :	12 s.

Citons encore en terminant trois articles de dépense qui font suite au précédent, et que nous n'avions pas encore rencontrés :

Pro prandio temptatorum baccalauriorum et officiariorum :   3 lib.

Ultra pecuniam novorum magistrorum pro prandio Nationis :   2 lib. 8 s.

Pro cappa domini rectoris, videlicet Michaelis Nyffart :   2 lib. 2 s.

Nous n'avons aucune observation à présenter sur cette dernière dépense ; mais nous rapprocherons des deux précédentes les dispositions du statut de 1423 qui concernent les banquets universitaires. Sans proscrire ces fêtes domestiques, passées en habitude, la Nation d'Allemagne voulait en modérer les frais, ceux surtout qui pouvaient retomber à la charge de sa propre caisse. Voici les règles qu'elle avait posées à cet égard, et qui n'étaient pas toujours fidèlement observées, comme le prouvent les indications mêmes de notre compte :

« Il y aura chaque année trois banquets seulement de la Nation : le premier, lors de la reddition du premier compte ; la dépense à la charge de la Nation ne devra pas y dépasser 2 francs ; le second, le jour de la fête de saint Mathieu ; la dépense y sera également de deux francs au plus : ce qui dépassera restera à la charge des convives présents. Le troisième banquet aura lieu le jour de la fête de saint Edmond. Quelques jours avant, le procureur convoquera la compagnie qui avisera aux mesures à prendre, tant pour la célébration de l'office divin que pour le banquet. On s'entendra amicalement de manière à éviter à la Nation tout préjudice [1]. »

Une pensée d'économie est la seule qui perce dans cette délibération. Cependant les repas en usage dans les écoles du moyen-âge avaient des inconvénients plus graves pour les maîtres et pour les écoliers, que celui d'épuiser leurs modiques ressources ; ils donnaient lieu souvent à des scandales affligeants pour la morale et pour la religion. Aussi dans la suite la plupart furent-ils supprimés et quelques-uns même sévèrement interdits par l'Université de Paris.

---

1. *Index chronologicus*, etc., p. 249.

Nogent-le-Rotrou, imprimerie de A. Gouverneur.

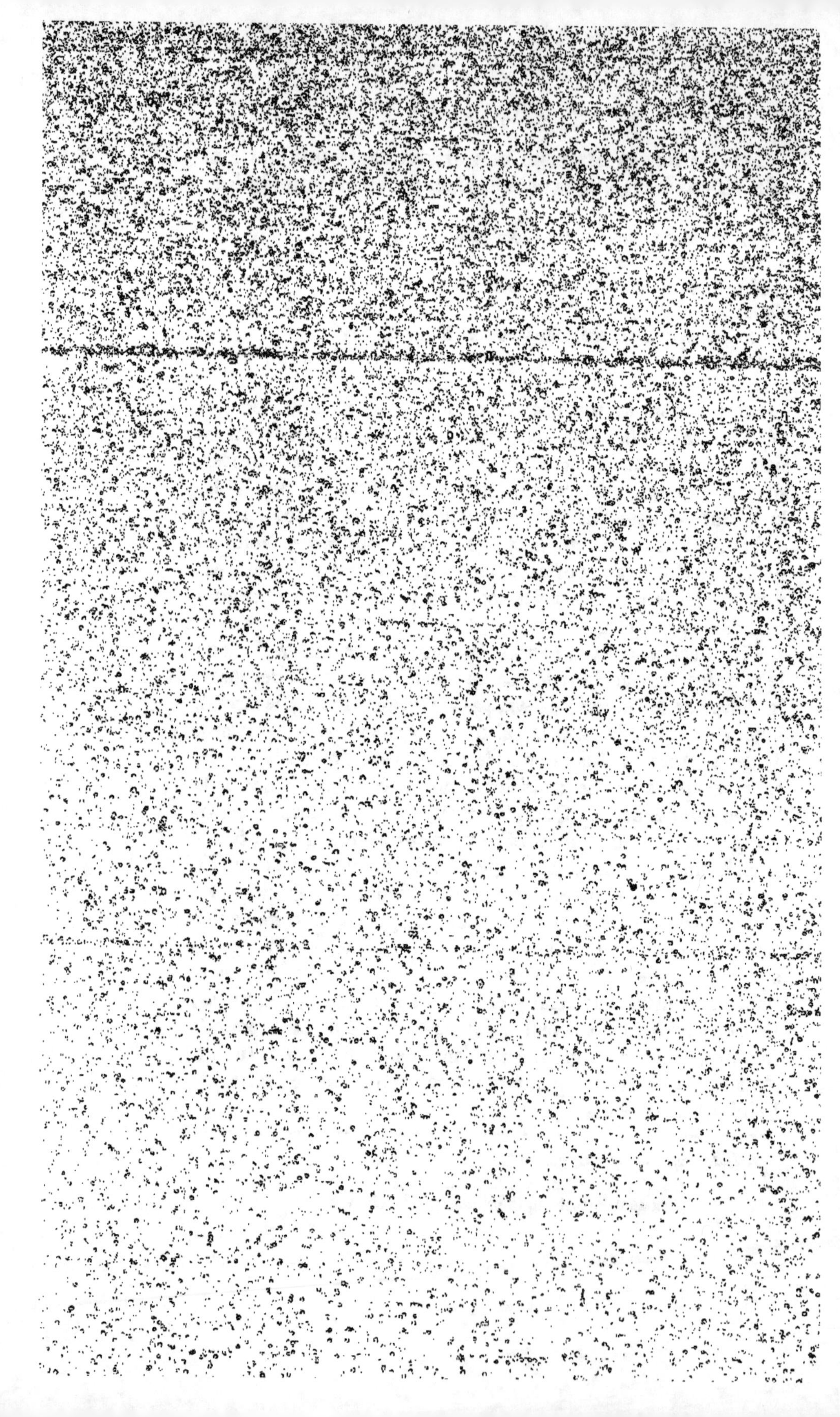